AF599911

ACOYANI GUZMÁN

MANIFIESTO SOBRE LA BELLEZA

ACOYANI GUZMÁN

MANIFIESTO SOBRE LA BELLEZA

Prólogo
JUAN CARLOS MESTRE

HUERGA & FIERRO editores

Diseño de Colección: Huerga y Fierro

Primera edición: 2024

C/Sebastián Herrera, 9
28012 Madrid-España
Telf.: 91 467 63 61
www.huergayfierro.com
huerga@huergayfierro.com

I.S.B.N.: 978-84-128849-2-0
Depósito Legal: M-13742-2024
Impreso en Romadac Industria del Libro
Impreso en España/Printed and made in Spain

Prólogo

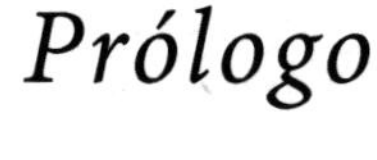

La belleza es la música de la razón, el aura de una sombra que no se refleja en el espejo y tiene vida propia en el hemisferio de las figuraciones del arte y la escritura, del cuerpo en llamas de aquella videncia que alejándose del abismo de la finitud deviene en permanencia de la hechura de las formas. Así el inmortal ruiseñor de Keats y la alondra que anuncia al alba el fugaz pacto de amor en el delicado bosque de los diálogos de Shakespeare. Venas blancas las raíces del árbol de la nostalgia, el paraíso amor perdido que cierra su portillo en la ilusoria muralla que resguarda las infancias del mundo, allí donde aún es leve la nieve del recuerdo sobre las lápidas sin nombre y platica el martín pescador con el pájaro carpintero junto al incontenible cauce de la muerte. Belleza serán entonces las anticipaciones, la indocilidad de la poesía para no aceptar el hado e invocar ventura, o lo que es lo mismo, el desacato de la nunca contradictoria aceptación de esta verdad irremediable de estar vivos.

Pocas creencias como la de Acoyani Guzmán, extienden la revelación de su palabra sobre los tránsitos del mundo, esa inmanencia de la pasión vital que todo lo desborda, que todo, como en un universo holístico, lo integra y aúna en la impaciente rebeldía del amor. Salmo y dicterio hay en la asamblea de voces de este libro, el eco de lo sagrado y lo profano, la viviente huella de lo desaparecido, o el hermano en busca de rostro entre las ausencias de lo celeste. Son las invocaciones, el absoluto moral de lo poético reconstruyendo el mundo, cuanto se acoge en la redentora conciencia de la que es portador cada poema de Acoyani, una radiante y jubilosa empatía con los seres que en las afueras del saber siguen siendo los guardianes testamentarios del espíritu incognoscible de lo humano.

En pie, alzada en nubes y clamor de efigie sobre el escenario de su época, la belleza y su bien, emoción y significado, enuncian el sentido último de su materia invisible, la poeta portadora de las sustancias armónicas del habla, la perturbadora presencia de la imaginación y sus vínculos con lo que se creyó verdad. No hay otro teorema que sostenga la duda de los siglos, sino esta intuición de sibila en la estirpe de Platón el maya, el rectilíneo zigzag de las civilizaciones en que se ampara la paradójica virtud de la dádiva incorpórea en las formulaciones innúmeras, las categorías del concepto de lo bello y la consideración de su asistencia en la entidad de lo justo.

Es del afuera, de la intimidad transcendida, del lugar del otro en el reflejo de la semejanza, de donde mana la cualidad ética de esta escritura en su identificación con las desamparadas; es la unívoca persona del actante y su argumento íntegro quien encuentra refugio en este libro; es la leyenda del ser, la fibra moral del que agoniza, la bendición de las aguas sobre los silenciados por el daño; son las modificaciones *de la belleza ante el destino y la imprevisibilidad del sufrimiento. Es ese* volver al vientre a sembrar la cura *el que restituye la esperanza frente a la devastación y los estragos del dominio. Es una mujer, de manera literal, de verbo ad verbum, fielmente decidida en su condición de artista, la que aquí nos dice:* Te aceptaré, belleza.

Todo debería retornar a su avenencia tras la proclama de este manifiesto, páginas escritas para los abstraídos en la ausencia del presente y los lejanos que ya solo viven en las aldeas del celaje. No tiene otra ciencia la fraternidad con las criaturas, no hay otra casa más acogedora y salvífica para esta hora terrible llena de muertos, *para este tiempo sin futuro que* es esta hora de la tarde insoportable, *el cónclave de las tempestades y la tragedia, el duradero instante de la oscuridad, ante el que la poeta enciende la lámpara de la piedad y el aliento emancipador de las vocales de la gracia.*

Cuanto aquí respiramos es el aire que ya inhaló otra vida, la comunal medida de otro más alto don entre los oxígenos de la misericordia, la mirada hacia atrás de quien auxilia la memoria de las demás, la emblemática figura del otro, el que distinto en la igualdad a su persona tiende su mano ante las sombras sin nombre. Bella es la amistad de las estrellas con la noche, y hermosura la constelación de lo distante, el espacio sin abrigo de lo jamás leído y el tumulto de los versos en los bares de la luna.

Sabe Acoyani que la guarida es también la herida, *ha conocido el vértigo y* la profundidad de su inocencia, *ha entrado en el laberinto circular de los deshabitados de sí mismos, quienes desguarecidos han contemplado en su vértice la crisálida del ángel de la inexistencia y se han herido las manos al tocar la furia del rayo. Luego ha escrito desde la gramática del después, tras las intensidades de lo vivido y la travesía por el ensueño, alada como lo que es, esta ave en la rama más alta de las melodías del corazón, la viva libertad de la que jamás claudica, la belleza.*

Volar, escribió Rafael Pérez Estrada, es el resultado de una intensa pasión, nunca de su práctica. Acoyani vuela para no hacer otra cosa que volar, vuela sobre la luz de los que duermen y ante la infranqueable contemplación de los desvelados en su intacta dulzura, vuela sobre las ciudades azules donde resucitan los muertos y las semillas en las que se cobijó el olvido; sobre la maleza de la vicisitud y la inmutabilidad del enigma, sobre la edad sin vejez de la mujer y del hombre; vuela sobre los acercamientos de Ciorán a las especies de la felicidad, los frutos hechizados por el sol, los magos sin serpientes. Vuela sobre ti, que dejarás de ser el maldecido.

No hay espejismo en la belleza, es la perdurable realidad de lo que se amó sin límites, la verdad del joven Keats contemplando una urna griega. Ella, Acoyani, la dadora de existencia, agua exiliada *en otras lágrimas gemelas, lumínica desde antes de nacer* entre la densa niebla de este siglo.

Ningún deseo, ningún cuerpo es real fuera de las correspondencias transgresoras del amor, *ni la locura de los vientos ni el atronador silencio de los astros extraviados en los fueros de la nada. Es la hora del relámpago, la hora de los que resisten los imperativos de lo ominoso, las que escriben en color violeta, las militantes de la utopía en la matria de su cuerpo. Celebración de la existencia, realidad de la poesía es Acoyani, la que enciende faros ante el mar de la tristeza. Memoria del amor,* es la incertidumbre la que nos habita, *belleza, lugar del canto,* es la hora del poema.

JUAN CARLOS MESTRE

A mi padre.
Y a los que amamos y tememos la belleza
(en todas sus manifestaciones).

MANIFIESTO SOBRE LA BELLEZA

Y uno

Y uno nace,
nace desnudo y llorando,
nace sólo o con suerte medio acompañado.
Y uno sale con los ojos cerrados a la luz de este mundo,
húmedo, insensatamente inocente entre las piernas.
A veces la madre muere, a veces no,
y uno va creciendo poco a poco rápidamente,
sin entender mucho qué sucede conocemos la risa,
nos enamoramos de mamá y de papá, a veces no,
a veces no hay papá.
Y uno comienza a medir abrazos por años,
a entenderlos desde una cuna si es que hubo cuna,
nadie nos explica de qué se trata todo esto,
así que uno aprende la música con el latido del corazón,
entonces pasamos a imitarlo con la voz;
es enorme, inmensa juventud el sonido que emana entonces,
y uno quiere más, a veces no,
a veces nada de esto sucede,
aunque el mar siempre esté allí;
paciente anciano de soledades sin tregua.
Y uno se da cuenta de lo que significan las palabras,
desarrollamos un lenguaje para decir que no,
para decir que sí,
para decir te quiero,
para decir te odio,
tengo hambre,
tengo frío,
tengo miedo,
y uno se pone de pie y camina,
las preguntas se van acumulando en nuestra espalda;

una sensación de vacío vuelve a nuestra memoria,
entonces uno corre buscando las respuestas,
el aire se condensa de argumentos,
y uno se queda en medio del abismo interrogado por el tiempo,
a veces no,
a veces simple llega la muerte y nos arrebata la infancia,
a veces no,
y uno se vuelve ignorante al avanzar,
las soluciones enfiladas se cubren el rostro con máscaras,
y entonces sucede… uno se enamora,
y allí no encuentras huida ni escapatoria,
los cuestionamientos se vuelcan en el otro,
y uno ya no se ve al espejo,
y uno acaricia el llanto de no ser uno solo,
y uno maldice,
y uno besa por primera vez,
y se desborda el universo por el cuerpo,
desaparecen los demás,
se abre un mundo nuevo,
y uno se cae a un precipicio tan alto, tan profundo, tan inaguantable,
que uno muere.
Y uno renace.
A veces no.
Así la colección de caídas avanza,
y uno se vuelve adulto,
se vuelve torpe,
orgulloso,
idiota,
y uno deja la casa familiar y viaja,
a veces no.
Y uno encara la enfermedad,
la nostalgia del pasado,
hacemos conciencia,
y le damos cuerpo, cuerda al reloj,
y uno tic-tac

y uno toc-toc;
y uno abre puertas y cierra otras,
llega el arte,
la guerra,
y uno se asombra con la Luna;
vamos lanzándole a nuestros muertos,
y uno acepta esta verdad irremediable de estar vivos,
a veces no,
y uno envejece,
a veces no,
y uno repara en el camino recorrido,
todas las dudas se desvanecen,
y uno cambia las respuestas por peticiones,
y uno solamente ruega tener más vida,
a veces no.
Y uno cree que todo está hecho,
que la vejez es un estigma,
un mal final,
y es entonces cuando uno,
nuevamente se enamora,
y el amor rompe el terror de la tumba,
y las flores reaparecen sobre la frente,
y uno agradece satisfecho,
y uno perdona, perdona a la soledad tan sola,
a la envidia,
a la avaricia,
y uno enamorado recurre a lo esencial,
soltamos la mano que nos acompaña en nuestro tránsito y nos vamos,
nos vamos volando enamorados,
y uno muere;
a veces no.

Santiago

El dolor pasa, la belleza queda, si no lo entiendes, nunca entenderás nada.
PIERRE-AUGUSTE RENOIR

Hoy tendrías cuarenta años hermano
Te voy sacando de una tumba perdida en algún lugar de México
Nunca nos dieron tus restos
Te llamaría desde España para pedirte consejos o dinero
Vivirías en un país nórdico, o asiático,
Quizás incluso estarías en Chile al lado de papá
¡Ay! le sentaría tan bien ahora que el mundo se cae a pedazos
Ahora que su edad no le permite escuchar con paz a mis poemas
Serías su pierna derecha, su ojo izquierdo, sus oídos
Te habría contado las tragedias griegas suficientes para volverte periodista
Ahora hermano mío, ya le habrías sacado "la chucha" a un par de "hueones"
Te habrías agarrado a madrazos con varios "pendejos"
Dado de ostias con algunos "gilipollas"
Y todo eso por mí, lo sé de antemano.
Seguramente ya serías papá, y papá; abuelo
Mamá te colmaría la paciencia
Pero a cucharadas de inteligencia le darías la vuelta.
Tu cuerpo sería tan hermoso y codiciado
Que a ratos te detendrías a observar tu alma:
Fan del rock de los ochenta
Mezclilla y marihuana de joven
Te llamarías Santiago y yo, te llamaría Santiago.
Te destrozaron a tal punto que nadie pudo identificarte,
Nadie excepto yo,
Fue entonces que comenzaron a degollar a los perros,
a mutilar a las cabras,
a incinerar a las vacas,
buscando tu cuerpo,
yo misma dibujé líneas en todas las cebras,

estrellé de manchas a los leopardos, a las jirafas y a los dalmatas,
rayé de renglones chuecos a los tigres,
despeiné a los leones y le saqué punta a los cocodrilos,
ensucié el cielo con el recuerdo luminoso de tu vida para no llamarte desaparecido,
y todo esto me llevó muchos años
hasta que entonces pude nuevamente reconocerte.
Ahora puedo ver tu rostro esculpido en los gestos de nuestro padre
Tus rizos castaños en los de madre
Escucho tu voz si me sorprende el resplandor
Salgo a buscarte en sueños lúcidos, pero nunca te encuentro
¡Nunca te encuentro!
y ese fracaso me incita a seguir buscando
Me faltó tu hombro para entender el juego loco de enamorarse,
Conocer a tus amigos,
Leer tus entrevistas y tus notas en el periódico,
Abrazarte por tus premios, por tus graduaciones, por tus hijos,
Me quedé con tantas ganas de jugar contigo a la pelota
Que terminé siendo amiga de los chicos en primaria
Ojalá habernos empapado con la manguera del jardín
¿Te acuerdas de nuestra casa?
Tu retórica sería dulce sobre padres
Nos cuidarías por las tardes.
Extraño que me protejas del frío
De las peleas de adultos a deshora
Pero nunca pudimos conocerte,
Te quedaste en el vientre amor mío,
Hermano impío,
Y tu ausencia resonó y resonó en mi cabeza por muchos años
En un secreto fantasma que rodó hasta este escrito
Donde te confieso ser parte de mi historia,
Dispuesta a arropar tu asesinato en mi ser
En un nuevo nacer,
Para que vuelvas aquí y pueda mirar tu rostro,
Tu rostro de hermano, en el rostro de un niño,
Y que ese niño sea mío,
Para darte todo, todo lo que antes se te arrebató.

Si no fuera alérgica a los gatos

Si no fuera alérgica a los gatos tendría al menos uno en cada ojo
Si no fuera alérgica a los gatos dormiría con ellos
Si no fuera alérgica a los gatos tendría una ilusión extra
Cuando al llegar a casa me recibieran.
Si no fuera alérgica a los gatos jugaría más
Acariciaría más
Me reiría más
Maullaría más.
Si no fuera alérgica a los gatos me enfermaría menos
Saldría menos
Las alarmas menos
Los temores en la noche menos.
Si no fuera alérgica a los gatos tendría una meditación constante
Elaboraría una estrategia de ternuras
Construiría un palacio dentro de mi estudio
Inventaría un lenguaje nuevo.
Si no fuera alérgica a los gatos; amuletos
Espirales protectoras;
Limpias energéticas;
Guardianes en el alma.
Si no fuera alérgica a los gatos fiesta en los tejados
Roces inesperados
Observación felina al descubierto
Alturas dibujadas en el centro del ocaso.
Si no lo fuera, alérgica a los gatos
Tendría otro tipo de sueños
En vez de irme a correr con ellos en campos de incertidumbre
Y de tenerlos de mascotas en lo onírico.
Si no fuera alérgica a los gatos; bigotes;
Pelos sobre los libros;
Ruidos nocturnos de atolondradas fiestas de madrugada;
Radares del peligro y la nostalgia.

Manifiesto sobre la belleza

Aceptaré la belleza cuando la playa no derrame muertos
Aceptaré la belleza cuando tu mirada no irradie dolor
Aceptaré la belleza cuando las banderas se caigan del cielo
Aceptaré la belleza cuando aparezcan las desaparecidas.
Aceptaré la belleza cuando haya cura contra toda enfermedad
Aceptaré la belleza cuando el hambre sea una leyenda
Aceptaré la belleza al ver el blanco del mundo de color blanco
La aceptaré desnuda frente al omnipotente destino.
Aceptaré la belleza cuando perdonar sea un pasatiempo
La aceptaré cuando el miedo llore arrepentido
Saliéndose del cuerpo humano
Llevándose las ganas reprimidas de enamorarse.
La aceptaré maternal cuando pueda volver a ver a mi abuela
Aceptaré la belleza que tiene lo monstruoso
El vacío, la envidia cuando agoniza,
Incluso aceptaré la belleza de la muerte.
Aceptaré la belleza de la derrota,
De mi padre lejos,
Del reloj futurista en esta infancia rota,
La aceptaré en mi cicatriz inabarcable,
En el espanto de los silencios,
En mis mascotas muertas,
En el frío, en las catástrofes,
La aceptaré en este delirio mío;
Dispuesta a ser la llaga en la nube
El umbral atento, abandonado.
Pero antes debe ponerse de rodillas
Sacarse los estigmas del rostro
Cambiar su concepto de lo estético
Barnizar de ceguera la ambición.

Antes ella habrá de mirarse al espejo
Destronar a los psicópatas
Ponerles rosas a todas las escopetas
Autonombrarse requisito esencial en las aulas.
Te aceptaré, belleza,
Cuando los pájaros no se caigan del firmamento
Cuando todos los niños tengan arcoíris en los ojos
Cuando conocer el mundo no sea un delito
Y se regalen a borbotones pasaportes internacionales.
Entonces me vestiré de ti, de pies a cabeza
Saldré a recorrer tus modificaciones
Me perderé en el rumor de la tarde
En las carcajadas de las viejitas,
Saldré cargada de tu esencia, belleza malhumorada,
Mis manos estarán intactas de tiempo,
Y así, fugaz e inadecuada,
Seré humo escarcha entre palabras.

Volver al vientre

La belleza es virgen.
Gabriela Mistral

Volver al vientre y reparar el daño
Volver al vientre como protesta al mundo
Volver al vientre a enfrentar la muerte
Volver al vientre resueltos al portal.
Volver al vientre a regenerar las células
A cambiar el destino
Volver siendo científicos al vientre
Volver al vientre a sembrar la cura.
Volver al vientre por derecho de nacimiento
Volver al vientre para ser Pangea
Volver con la palabra hundida en el ombligo
Volver en anagnórisis al vientre.
Volver al vientre a llorar
A soñar sin mundo al vientre
A ser dos en uno hay que volver al vientre
Volver, al vientre, desembrujados.
En un acto de magia atemporal volver
Al vientre adecuado volver
Regenerarnos
Cubrir de sangre las heridas
Tapar con agua los defectos
Sanar con leche enfermedad
Con el sonido de mamá el miedo
Con el latir de su corazón volver
Al vientre, volver, volver,
Al vientre que todo lo hizo
Al ser que te vio nacer
Volver al vientre para recuperar la enzima olvidada
La llave del tesoro
Los kilos perdidos de un parto doble
Volver al vientre a cantar bajo el paraguas del amor
Volver, sabia de ciencia, al vientre.

Es esta hora de la tarde

La frágil belleza de la tarde.
María Zambrano

Es esta hora de la tarde que no soporto
Que abre la puerta de mi casa;
A todos los malos espíritus
A todos los malos recuerdos
A todos los malos sueños.
Es esta hora caliente y altiva
Que calla mientras aplasta al sol
Esta hora terrible llena de muertos.
Es esta hora de la tarde insoportable
Donde hormigas invisibles cubren mi cuerpo
Esta hora que dibuja garabatos en mis pensamientos
Es esta hora agónica del día
Hora marcada en el tempo del silencio
Puntual en cualquier continente
Posada sobre la cama de la abuela incluso
Esta hora siniestra que me anuncia lo innombrable.
Es esta hora de la tarde sobre mi
Llenando todos los vacíos de nostalgia
Sacando humo en cada ausencia de mi habitación
Hora sin gracia
De mal agüero
Hora muerta
Donde se suben a mis lamentos los cuervos
Donde aparecen de golpe todos mis dolores.
Es esta hora amor mío
Esta hora tormentosa de la tarde
Donde un abrazo tuyo no me salva
Donde tu piel desnuda no me basta

No me lo tomes en cuenta
Puede que me esté petrificando cuando atardece
Es esta hora la que le da sentido al resto
A las que no ocultan las flores
A las que muestran las estrellas
A las que hacen aparecer arcoíris
Recetas de cocinas en los bosques
Pero esta hora de la tarde
Es una tempestad que se acumula sobre mi espalda
Así cada día muero
Cada noche vuelvo del ocaso
Más joven que antes
Más vieja que antaño
Más viva que nunca
Lista para la guerra de las constelaciones
Armada de nuevo para quererte.

Bikramsaña

A mis grandes amores:
la oscuridad y la luz;
Malasaña y Bikram Yoga

A Keila y Rafa

La guarida está en los bares
Respiración Pranayama
En las tiendas vintage
Entrelaza tus manos debajo de la barbilla
En caminar imaginando vivir dentro
Pies juntos
No ser un gato por las calles
Conecta con tu mirada
Ni la aterciopelada voz
Inhala
Que emerge al recitar en micro abierto.
Está, la guarida
En esperar allí la noche.
Todo puede suceder entonces
Que se vean las costillas
O simplemente la nada
Exhala
El aullido de otros
Abre la boca
La galaxia ajena.
La guarida es el escape
Vive en el tumulto;
Aguerrido instante en ecos
Llevándote al tequila
Mirada a la pared de atrás
A las cervezas sin fondo
Que se escuche tu aliento
Al coqueteo banal

Vamos con la media luna
En un nido de serpientes
Brazos arriba
Que van cazando a la más joven
Entrelaza tus manos
A la chica con ilusiones de ser poeta
Excepto los índices
A la mujer en busca de maestros
Junta tus brazos detrás de las orejas
Que termina violada en alguna habitación:
De mañana el gurú se ha vuelto el enemigo.
La guarida es también la herida
Allí conocí el espanto
Estira hacia arriba
La pasión por la memoria de un poema
Vamos a la derecha
El cadáver en servilletas
Tu hombro derecho en el espejo
La promesa de un me quedo
Caderas al frente
Y de un me voy de madrugada
Inhala, exhala
El juego del seductor sin versos
Volvemos.
Apuntando a toda Luna inspirada.
El vino tinto invade mi garganta
Vamos con la media luna
Las estrofas se tiñen de sentido;
Cuidado en el laberinto
Brazos arriba
Enciende seres que habitan el vacío.
La guarida está en tertulias
Entrelaza tus manos
En una más que yo te invito
Excepto los índices

Amistades fugaces
Junta tus brazos detrás de las orejas
Corrompidas por el polvo.
Presentaciones de libros
Estira hacia arriba
Balcones asesinos
Vamos a la izquierda
Es un bosque extraño
Tu hombro izquierdo en el espejo
Repleto de magia
Caderas al frente
De locura
Inhala, exhala
De peligros
Volvemos.
Nunca duerme
Ahora hacia atrás
Los after te devoran
Estira con los brazos juntos
Puedes hundirte para siempre
No tengas miedo
O salir de la profundidad de su inocencia
Busca la pared detrás de ti
A transitar más animales;
Porque puedes
Fauna reproductiva sin freno.
Porque te gusta
La guarida duerme en mi boca
Porque lo necesitas
Para estrellarse en este escrito
Inhala y sube lentamente
Porque hay rumbos
Vamos hacia el suelo
Que prefiero enterrar
La postura está en el agarre

Así no soy más el gato
Coge tus talones con las manos
Ni la grieta
Detrás de las piernas
Ni el silencio
Tu pecho tocando las rodillas
Ni el testigo del macho
Intenta que tus codos
Sino la ausencia
Toquen tus pantorrillas.
Que deja testimonio
Sobre el galope del demente
Que quiere devorarnos.
La guarida está enquistada
Inhala y estira subiendo
Jamás muestres tu corazón
Brazos a los lados
Sin un veneno alado
Qué tengáis todos
Una buena clase.
Que te saque del ensueño.

Boomerang

A los poetas del Poetry Slam Nacional Zaragoza 2021

Un boomerang se mueve tirando por todos lados a los poetas
Es rápido e implacable
Las luces de la noche nos resplandecen en los ojos
La velocidad aumenta con la altura
Ninguna bestia es capaz de llegar a salvarnos
Nos hemos subido por voluntad propia
Para sentir algo inhóspito e inolvidable
Las palabras vuelan sujetadas a una luna
Que inestable desaparece y reaparece
Como si de una perla llevada por el mar se tratara
Los rostros emergen entre la nocturna nostalgia
Entre el abismo de voces buscando la libertad
Esa que te hace flotar sin ataduras
Los cuerpos se buscan se evitan se van
La sensación en mi pecho es fuerte
Quisiera quitarle misterios a esta realidad
Tocar lo sublime de los pájaros
Meterme en la tormenta de Celia
Evocando lúgubre belleza
Ser la dulzura de Marta
Acariciar su esencia gitana
Irme de compras a un mercado de frutas con Marga
Para perdernos entre colores
Regalarle flores a Ali
Para que sus abrazos duren
Nadar por los ojos de Claudia
Mientras su pelo en palmera me protege del sol
Extenderle mi mano a Lúa
Para que nunca se vaya del reencuentro

Llevarme a Marta B a la Luna
Para presentarle a mi gurú
Adoptar la elegancia de Cris Ryu
Saltando la coba mientras recito
Volver a brindar por la poesía
En el triunfo de la Fiera
Que Paso se divorcie de la muerte
E ir a su fiesta de soltero
Recorrer todos sus meses versos
Fugazmente con Zero
No ser nunca aquel hombre
Que Sion encontró en su camino
Tomar toda la experiencia de Ángel
Guardármela en el bolsillo
Seguir sorprendida por Daniel
Por su espíritu rebelde
Poder desenredar cada rima
Que como arte de magia
Emerge del mago Pablowski
Hacer de Isa una mujer maestra
Porque lo es aunque quizás aún no lo sabe
Volver atrás para explicar la cadencia
Quiero hundirme en el silencio de todos
Así que el boomerang comienza a bajar de ritmo
Vamos reconociendo de a poco una ciudad
De esas que se vuelven calabazas
Y nadie, absolutamente nadie se baja más.

Lavapiés

Crisálida ardiente revolotea balcones agrios
El calor es un puente hecho de ladrillos étnicos
No hay marihuana que sostenga este verano
Ni cervezas que compensen en doblar en serie las estaciones
Unas sobre otras se van acumulando en la memoria
Allí los mismos rostros jugando a enamorarse
La nocturnidad sobre la plaza de Agustín Lara
Aquel borracho cantándole a la Luna
Aquel poeta bebiéndose la vida a tragos
Todo se pervierte si caminas por Lavapiés
Todo es válido incluso frente a un mundo raro
Donde el débil es siempre el loco dormido en la vereda.
Mariposa incendiada abre los bares de la calle Argumosa
Olivar es una historia interminable en laberinto
Se caen del cielo las palomas sobre la plaza Nelson Mandela,
Y una mujer ciega pasa de la mano de su niño.
Las gemelas ancianas han dejado de circular por los empedrados
 cogidas del brazo,
La muerte se esconde por los silencios del barrio,
Es la fábrica de tabacos su mejor escudo
El bar Tribuetxe un insulto que sabe a gloria
¡Ay! Calamidades como estas existen sobre Embajadores también,
El hombre que mece su guitarra maldiciendo a todos,
Una esperanza por persona dispuesta a regalarse si la encuentras,
En una suerte de yincana inabarcable.
En modo fantasma voy flotando sin discreción
Levanto con cuidado cada pedazo desperdiciado
Cada trozo aprovechado de este cuerpo mío amaneciendo…
El amanecer destruye el intento de remendarme.
Es el hedor policiaco el que confunde la sangre

Los chinos venden a un euro hasta su alma
África protesta esperando en la plaza Lavapiés
La India recupera su riqueza con curry desteñido
Latinoamérica asume el oro robado haciendo arte del sistema.
Es lo post pandémico una excusa para el guerrero
Y ya no podemos asumir este lugar sin un porro en las manos
Tampoco sentar las bases del poder comunitario.
Pasa "un negro", "un negrata", un africano, el "top manta", "la escoria de Lavapiés", "el que vende droga", "el que llegó en patera", "el de piel oscura", "el rasta ese que no hace nada de su vida",
pero yo le veo nombre a cada uno, a Seidú, a Wallace, a Seidina y les saludo.
Porque detrás de cada piel hay un rostro que emerge,
Una historia adornada de soles inter continentales
La realidad de la infancia pintando ese camino,
Recorremos las aguas en busca de un sentido, las cruzamos,
Nos volvemos el océano dentro de un pantano interno
Los pájaros galácticos acuden en nuestra ayuda,
Queda la tarde,
Avisando una noche eterna,
Donde esta crisálida que arde,
Esta mariposa incendiada,
Terminará por prendernos fuego
Cabeza por cabeza, en Lavapiés.

Abismo

Oh, ¿no es suficiente estar aquí
con esta belleza a mi alrededor?
Sara Teasdale

Caer hacia adelante
Tapizado de algas
Costumbre de murciélagos
Extendiendo las alas.
Mirar un desafío fino
Cubierto de escaramuzas
Romper las olas
A base de silencios.
Sentenciar al pasado
Juntando piezas animales
A punta de nubes
Lloviendo inexistencia.
Caer sin límites
A un futuro incierto
Pero vivo
Repleto en equilibrios fatuos.
Así ir
Flotando entre cigüeñas
Alerta de tentaciones
Picudas en acertijos.
Luego reírse
En una espiral infinita
Que escasa de fronteras
Hundida en el destino
Te eclipsa hacia la nada;
Lugar impreciso de aciertos
De tesoros resueltos.

Caer como costumbre de gigantes malheridos
Como peregrinos cansados de tanta sabiduría
Allí mirarse
Desprendidos de sombras
Ganando la batalla.

Abuela Caricia

Las experiencias de miedo se sanan con las experiencias de no miedo
Soy el loco catapultado hacia el Atlántico
Un sueño repetido hecho añicos al cobrar vida propia
Ninguna ballena asesina podrá matarme
El mar aúlla mi presencia en las asambleas oaxaqueñas
Te escribo desde el no lugar
Atenta al precipicio que siempre me ha amado
Sin ganas de mirarle, pero siendo la precipitación de su pulso.
Cae caricia hacia este espasmo de dudas
Lágrimas tenues se reinventan en las nubes
Qué es una tierra sin su madre cantando
Qué soy yo volviendo sin tu canto.
Caricia dormida
Caricia esculpida
Caricia adulta
Caricia espía
Caricia ansiosa
Rota Enérgica Cautiva Alada
Silenciosa caricia
Elemental Airosa
Caricia estival
Caricia audacia
Caricia envidia
Caricia galaxia
Caricia Venecia
Caricia terremoto
Caricia anónima
Caricia de libros
De estrellas De notas musicales
Caricia liviana
Esupefacta Humana.

Caricia avaricia
                    Caricia lujuria
                                        Caricia Olivia
                                                            Caricia Ofelia
                                                                              Caricia Alicia
                                                                                                Caricia María

Caricia telescópica
Caricia soñadora
Ruidosa Oscura
Caricia luminosa
Invernal Rabiosa
En ira
Caricia melodía
                        Caricia sinfonía
                                                    Caricia en sintonía
Carica primaveral
                             Caricia calamidad
Caricia almohada
Caricia lluvia
                     Caricia mía
Caricia veraniega
                            Caricia que niega
Caricia que acepta
                              Caricia que canta
                                                           Caricia que distrae
Caricia que mata
Que hiere Que revuelve Que huye.

Caricia poesía   Caricia palabra   Caricia letras
Caricia ausencia

Soledad
Fiesta de caricias.

Te quiero

las pupilas enhebrándose ante tanta belleza
Eddie (J. Bermúdez)

Te quiero porque eres luz y oscuridad
Cigarrillos y piel
Mirada al cielo y mirada en mi
Te quiero porque no te entiendo y te reconozco
Porque eres agua en un momento
Fuego después
Tierra perdida en su tierra creada
Aire signo de mi ascendente.
Te quiero porque la cursi soy yo
Porque el punk es tuyo
Te quiero por borde y dulce
Por atormentado y por esa sonrisa
Que cuando sale de tu rostro
Se traga la amargura
Te quiero con las palabras que dices al viento y las escucha un dios
Te quiero por cisne escondido en huracán
Porque no sabes dónde y sabes quién
Te quiero por libre y caótico
Por ese suspiro antes de seguir viviendo, te quiero.
Te quiero porque sabes cómo
Porque aúllas a la luna, aunque nunca lo recuerdes
Porque te comes mi soledad
Y la transformas en monstruos maravillosos.
Te quiero porque me voy y te vas
Pero todo sigue en llama viva
Porque tu voz es un faro en mi inconstancia
Y tus versos una herida necesaria en este mundo.
Te quiero por loco de closet
Porque no compites, sino que aportas
Te quiero por esa manera fluida y antigua
De contagiarme una esperanza errante; antes en el desierto
Porque escuchas al abismo, te quiero.

Destino

Al Destino

Eres redondo
Inicio y fin llevan al mismo punto
Observas la lluvia desde el cristal invisible
E implacable dictas sentencia en el silencio.
Hablan los hechos
Las personas
Las acciones encadenadas
A ese mismo círculo con inicio y fin.
Jamás juegas aunque así parezca
Es la vuelta por la circunferencia
Lo que dibuja en broma tu esencia
Tu voz con sonido a laberinto.
Camino por un sendero que sube
Los árboles a los lados disimulan tu presencia
Te sé detrás
Vengo de mirarte cara a cara
De guardarte con cuidado en hielo
Y mis pasos coinciden con tu oráculo
Y mis años le caben a esta historia
Te llevo en un bolso nuevo
A ti destino
El más viejo de todos los conceptos
El más insaciable entre los muertos
Ineludible bestia de mil rostros
Animal salvaje con alas en la lengua
Tan sabio tan odiado tan temido
Llevando el libro de cualquier hombre
Con una memoria elefantesca
Asomado siempre en los orificios de la luna
Recordando su existencia en una brisa pasajera
Terminando el recorrido circular de mi poema.

Horizonte

Aguantad la belleza.
ANNE CARSON

Eran vestidos negros sin ningún sentido hablado
El silencio hacía de la palabra un momento fino
Los pasillos se veían afuera y adentro
Todo el espacio era obra de elecciones personales.
Una aglomeración de sensaciones espejo nos rompen
Las trenzas se mueven a un ritmo demasiado innombrable
Veo su rostro en un espasmo doloroso como el neón
Es el susurro de la verdad asomando sus dedos.
Confundíamos a nuestras madres por otras
Solo por capricho, rebeldía o por una utópica mañana diferente
Luego los versos en labios ajenos despotricando contra la infancia
El reclamo incongruente siempre en la casa materna.
Volar es una disciplina del que inmóvil respira hacia la nada
Ojalá poder romper las paredes que sostienen la memoria
Las estancias arrinconadas del recuerdo sin herramientas para cantar
Se esconde el Sol sin que yo sepa la causa de la fermentación del vino
Pero el cuerpo sigue insistiendo ante la herida del día
No será la noche quien termine con la huida
Ni el espasmo el que atragante las páginas de mis sombreros rotos
Es el agua la que llama a que siga viva la llama
Vaivén de rosas en tu locura intacta
Categorías fuera de su centro mientras se acerca el avión
Para que con un golpe certero los cuervos se miren de frente
Justo antes de que amanezca en esta isla de miedos.

Tictac

Dormir y salir corriendo
Gritar y llorar
Sentirse tan solo y tan acompañado a la vez
Querer dejar de comer y atragantarse
Sexo, y vida asexual
Un espacio para bailar un lugar para no hacer nada
La paz y la guerra.
Inmensas ganas de escribirlo todo / temor a la palabra
Amar una tarde de invierno querer enterrarla en un hueco, a esa tarde.
Cuánto vino deseo en mi sangre
Idolatrar la desintoxicación
Estar dispuesta al salto / querer deslizarse por la tierra
Huir del encuentro / buscar la afrenta en el pecho
Escapar mariposa por la ventana / encerrarse en una jaula.
Desvanecerse en una tristeza antigua
Amar la vida en desenfreno
La luz y la oscuridad
Mandar todo al olvido / hacer una continuidad del tiempo
Dibujar tu cuerpo / romper en pedazos tu foto
Cantarle a los ángeles / entenderse con el diablo
Volver a ser pianista / saberse sorda en un cuento
Caerse de la cama sin testigos
Nadar en un pantano que succiona
Ser todo ser nada
Perdonar todas las agujas
Hacer de la memoria una trinchera infranqueable.
Seguir con una audaz faena / detenerse para siempre en medio de un festín
El campo en los pulmones / un cementerio insistente

Abrazarte hasta la cicatriz / golpearte hasta el delirio
Recogerme de todos los puentes / volverme a tirar sin suerte.
Caminar sin antiparras
Desabotonando las sobras
Erguida en el calor sabiduría
Lista para ser.

Y yo me hice mujer

A mi imagen y semejanza
Me dibujé unos labios finos
Un cuerpo intacto de brujerías
Que tardó diez y siete días
En forjarse para el mundo.
Me coloqué todas las costillas
Salí de mi misma
Detrás había otra gran mujer
Que se convirtió en muchas
Un hombre bueno me acarició por vez primera
Regalándome el don de la dulzura.
Me concentré en la estrella
Para brillar como ella
Primero hice surgir el verbo
Abrí los mares en mis ojos
Me multipliqué
Me crucificaron
Me volví omnipresente
La ubicuidad fue un recurso
Para pulir mi espíritu
Una estrategia de vuelo
Que desembocó en la palabra
Aunque luego lo olvidara.
Ahora me contemplo
Luchando como semilla
En esa incubadora fría
Cadencia de mi importancia
De la alegoría que sería
Insensatamente viva;
Mi vida.

Y yo me imaginé mujer
Dibujándome en la tierra
A prueba de enfermedad
De impactos en la garganta
De sueños líquidos.
Con mis manos me formé en el barro
Coloqué esta alma guerrera
Hice la cartografía de las ciudades
Las formas de los animales.
Me imaginé como creadora
Resucité a los muertos
Extendí la verdad en los hombres
Yo misma resucité
Inundé los campos
Inventé al hombre
Para que no camináramos sin espejos
Para compartir la belleza creada.
Yo me abrí paso en horizontes
Los perdoné a todos
Edifiqué un reino para descansar
Y mis puertas se abrieron para los arrepentidos.
Yo me traje hecha mujer
Para gozar del erotismo de mi vientre
Me regalé una silueta divina
Como todas, todas las mujeres.
Ahora lo recuerdo entera
Cansada de acertijos inútiles
Sentada en mi escritorio
Donde habitan todas las respuestas.

Tiempo

Detén el paso belleza esquiva, detén el paso.
GABRIELA MISTRAL

El tiempo es un toro
Al que podemos montar
Y cogerle los cuernos
Para que pase lo que pase
Vayamos en su lomo hacia la nada
O hacia nuestro destino
Conscientes de tenerle a nuestra suerte
Guiándole el camino
Usándolo sin fin
A cada segundo
En cada instante
Sentados sobre él
Con las piernas abiertas
Sintiendo su meneo en nuestro sexo
Dejándole decirnos todos sus misterios
Cada vez que haya un precipicio cerca.
El tiempo es un toro
Al que podemos montar
Y cogerle por los cuernos.

Eva

A mi amiga, Eva

Eva, ave, ves a través de los caballos,
Ritmo ligero de caminos en la tierra,
El esplendor se sorprende en el silencio,
Cabellos salvajes bajo la Luna llena,
El ritual de una cama que flota sobre la hierba,
Viento de corceles blancos agitando al amor,
Niña dormida, diosa herida,
El agua bañando todos tus presagios,
Volcán hechicero de fuego en las palabras,
Fauna mezclada entre la infancia y la yaga,
Eva, ave, vuela en la marejada sin tiempo,
Las alas hechas de árboles callados,
Sutil reencuentro de cera entroncada,
Te están mirando las estrellas,
Voz huracanada despojada de inercias,
Elfa en centrípeta hacia su centro
La risa que te contiene va dibujando tu elemento
Cicatriz perfecta hecha laberinto animal
Aúllan tus lobos en señal de encuentro con el viento
Canta tu melodía de siglos enternecidos por la presencia.
Ave, Eva, caballos cabellos te brotan en la plateada cascada que te habita,
Cabellos caballos galopan incendiados de noche al fin hallada
Tormenta inusual revolotea sobre mariposas minas
Audaces y ciegas bailando sobre el contorno de tus ojos,
Ave, Eva, vas hacia el enigma que te sostiene de tu propio cuento
Susurros de cuna acarician esta piel dulce elevándose de ausencias
tan presentes
Es la arena hecha mar quien te llama, llama erguida
Aparición fantasmal cubriéndose de luces en erupción, y allí: la vida.

Vicisitudes

Espacios divididos sin saberlo
Unidos por raíces más fuertes que la maldad
Un acordeón de sonidos memorables
Vinos derramados en mesas vacías
Colores cálidos de copas aburridas
Una reserva natural en el alma
Libros hermosos escapando de la invisibilidad
Un lugar oculto en el corazón del mundo
Plagas de rumores barnizando las posibilidades
Tantas abuelitas muertas bailando desnudas
El azar volando hasta terminar flotando en las galaxias
Tiempo enternecido en la infancia
Mirar sin fotografías impuestas
Volver al pueblo de los toros
Al año de las decisiones fallidas
Al cuerpo ganándole a las taras de la edad
Estar tan solos y tan llenos a la vez
Retroceder por ceder
Reír en un intento de giro cuántico
Hacerse cargo del destino
Sin mirar atrás
Sin culpar a nadie
Con la mirada en los sueños
Y la libertad en el centro del camino.

Bendición

La belleza no salvará el mundo, pero puede acercarnos a la felicidad.
EMILE CIORAN

Estigma, maldición, brujería, hechizo
Mal de ojo, magia negra, mala vibra, envidias.
Así una interminable lista de desgracias
Van nombrando tus tragedias.
Todas son obra de personas ajenas
De poderes ocultos
Son el resultado de estar vivo
De exponerse frente al destino.
¿Y por qué uno habría de estar maldito,
estigmatizado, embrujado, hechizado?
El envidiado lo sabe
El loco no sabe que está loco
Es simplemente libre
Feliz de los látigos del comportamiento
Es el cuerpo el artefacto que reacciona
Que te guía que te habla
Es el radar del mundo
El termómetro del momento
Sabio nos protege de lo que hay afuera
Cuida el alma que vive dentro.
Pero la rabia de un hechicero
De un maldito
De un brujo
No se agolpa en nuestra espalda
Siempre y cuando estemos fuertes
Poderosos
Despiertos
El mago negro te nombra en madrugada:

No apareces si estás fuerte
La maldición te busca cual serpiente;
Durante todo tu camino.
Arranca de la tierra tus huellas
Sin dejar rastro;
Vuélvete ese loco
Que corre hacia las fronteras bailando
Y dejarás de ser el maldecido
El malnacido
El hechizado
El embrujado
El desgraciado
Simplemente serás un loco
Desnudo de temores,
Un niño,
un pájaro.

Síntoma

A la doctora Caballero

Estoy inflada de recuerdos
Inflada de mayúsculas
De suspiros
Inflada de familia
De pubertad
Inflada de ancestros
De opiniones tuyas
Estoy inflada de elementos.
Inflada de un fuego voraz
De un doble aire intermitente
Inflada del agua olvidada por mis dioses
Inflada de pájaros expulsados del mapa.
Me inflo al despertar
Después del llanto
Me inflo omnipotente
Como una super chica.
Estoy inflada de palabras
De cantos atragantados
De abrazos sin complemento
De besos amurallados,
Me hincho de sabiduría
Al desdoblarme me hincho
Me hincho al volver del vuelo
Al entender lo prohibido.
Estoy siempre a la espera de la transformación
Inflándome de tiempo
De paisajes
De amores doblados en una valija abandonada
Inflada de sombras

De un enamoramiento primero en las cunetas
Inflada de ti madre
Inflada de ti padre; melliza, vida.
La hinchazón me retiene fija sobre la esencia
Hinchada de aviones
De teatros en bosques
Hinchada de ser hada en movimiento;
Anorexia en los eventos
Sexualidad de hoteles
Hinchada de tarots en las espaldas
Hinchada de magia.
Estoy inflada por el misterio
Por un piano muy lejano
Y floto, floto, floto…
Floto sobre la tierra.

Tristeza

Todo es belleza.
AMADO NERVO

Ha venido tristeza sin avisar
No sé por dónde ha entrado
De pronto allí estaba
Con su sombrero de paraguas
Con la lluvia en las pupilas
Las ropas mojadas
Y una vejez sin nombre en el rostro
La arrullo
Prefiero así
Para evitar sus escándalos
En verdad me pregunto por donde habrá entrado
Ha venido a estar conmigo
Me acompaña para que no me sienta sola
Está contándome historias de bosques
Mientras mi cabeza da vueltas
Intentando salirse de su centro
Correr hacia lo fugaz
Atrapar la luz
Ella me mira
Archiva mis movimientos.
Ha llegado con tu fotografía
Tampoco sé cuándo
Pero la ha colocado repentinamente sobre el sofá
Es profunda y gris
Me mira
La foto me mira
Es un cuchillo disfrazado
Me pregunta porqué siempre huyo
Si es verdad que yo he amado
Y si esta sombra que traigo en las espaldas
Es temporal o continua
Tristeza ríe y se duerme a mi lado.

Espejismo

Había un espejismo de nostalgias
La sensación de vacío al descubierto
Nuestras manos plagadas de tortugas
Una visita extraña en el bolsillo.
Después vino la peste apestándolo todo;
El pasatiempo en los balcones; volcanes
La duda del parto
El pasaporte hecho vacunas.
Los pies bailaban en el desierto de las casas
El tiempo recolectó las cuentas sin saldar
Se nos nubló la vista de acertijos
El cielo, de un aire maligno.
Había líneas nuevas en las palmas
Girasoles alérgicos al sol
Al polen
A la vida,
Sepulcros de prejuicios
Abuelos insaciables en el olimpo
Una niña con su gato sentada en la cuneta
El despertador arruinado hecho pedazos.
Entonces hicieron asamblea los astros
Llovieron violonchelos
Amores inesperados
Libros listos para escribirse
Raíces para la espalda
Fantasmas pasatiempos
Animales dispuestos a sacudirlo todo
Cayeron del cielo sonidos olvidados
Y nos volvimos locos
Nos prendimos fuego
Desdibujamos los nombres
Nos sentimos vivos de nuevo.

Exilio II

Hay algo que me sigue pareciendo extranjero
Son los ladridos de los perros en la calle
Cuando los escucho por la ventana un domingo por la tarde
A quién asesinaron a esta hora
Que me duele tanto cuando se muere
En qué habitación esconderse
En las faldas de cuál abuela
Para no sentir sus tonalidades solares en mi boca.
En cualquier lugar del mundo
Ese momento inmigrante carcome mi piel
Inevitable es detener el movimiento del sol
Imposible parar a la noche con las manos estiradas
Son las pirámides marcando su tempo
Los templos manifestándose en la invisibilidad tardía
Atardecer de cuerpos embebidos de fuego
Festival de silencios en contemplación del crepúsculo.
Cómo me gustaría entonces
Ser dios por un momento
Para levantar del mar su caída
Y jugar a luciérnagas sobre la playa
Cómo me gustaría entonces
Dividirle en ágoras salvajes
En pegasos feroces
En nocturnidad de colores
Juro que no es que no ame las estrellas
Es la agonía con que se va yendo
La suavidad, despacio
Es un vestido olvidado en el ropero de la infancia
La calamidad con sus brazos mutilados
El espejo que lleva a cualquier abismo
Una ocurrencia tremendamente incendiada
La soledad al descubierto.

Consuelo de libros IV

He estado allí
El humo de antaño me recorría las entrañas
Un lugar aparte advertía un mar enamorado
Callados me miraban los libros
Disimulando mi presencia
Mientras la luz del jardín reclamaba la tuya
En el tiempo encapsulado
En la salvedad de mi esencia;
Oscuro estar de estáticos recuerdos
Densa la niebla de este siglo te dibujaba
Fantasmal pero violento animal plasmado
Era un tornado de cicatrices abriéndose
Con toda la voluntad del mundo
Confesándose en la personalidad múltiple de la soledad
Ningún discurso pudo sostener el instante;
Flotaba enmarañado en un desorden ordenado
Todo era hermosamente triste
No me hallé en ningún verso…
No me encontré reflejada en ninguna nota…
Estaba desaparecida en tu planeta
Borrada quizás nunca esbozada
Así que decidí sentir algo, lo que fuera
Una lágrima
Un reproche altanero
Una mirada gacha al rojo sofá de lenguas ajenas
Nada de eso sucedió
Fue como si por un momento me convirtiera en escritorio
Y me llevara los cajones sin ruido
Los desastres sin desastre
No sentí nada

Estaba allí sin más
Fuera de órbita
En tu cueva desangelada
Descuadrada en el tiempo
Acosando al espacio por terco
Cerrándote las puertas del poema.

Tierra

No quiero la belleza, quiero la identidad.
CLARICE LISPECTOR

Dame de comer madre tierra,
nútrete de mí,
del sudor que emana de mis troncos,
del agua que corre entre mis piernas,
del sol que surge en mis poemas,
de la rabia que brota inadecuada en mis sistemas,
de la oscuridad de mis errores,
del privilegio que ya en sí, es oro
de poder hablarte y regalarte esta sal de mi cerebro a borbotones.
Nadie me mira.
La arquitectura urbana es tan soberbia.
¿Qué lenguaje más oculta esta existencia?
¿Qué lenguaje aún por cortejar?
¿Por conquistarme?
¿Por bailar?

Poema

A Eddie

Me vuelco en las partes cóncavas de tu cuerpo
Me hundo en el estribillo hecho lagunas en tu piel
Me mezo tras la herida en la calidez de tu destino
Me instalo nenúfar, allí, en tus huecos.
Sana caer entre las dunas que te habitan
Retorcerme para que se desenreden estos pájaros
Estos pájaros de mal agüero
Que buscan mis memorias
Para penetrar mis ansias acobardadas.
Me interno sin miramientos
En todos los ojos búho que te descubro
Me cuelo en tu anhelo de astronauta
Parece que nadie estuviera en contra de este remolino de murciélagos
Eso me inquieta
Exagero la inmersión al archipiélago que me ofreces
Me vuelvo agua exiliada en tu luminosa oscuridad
Carne volcánica en tu oscura claridad
Habitáculo de esfinges descerebradas
Artilugio de todas las batallas fracasadas
Me comprendo unida a un sueño inacabable
A la espera de que desaparezcan las maldiciones de otros dioses
Las catástrofes ajenas pegadas a mi dicha
El esperpento monstruosamente bello del amor
Navego en tu desierto fantasía
Remiendo el horizonte prometido
La esperanza siempre vestida de proa entre las calles
Ya los silencios se comen el terror de la aurora
Amanece, y la caricia se transforma en poema.

Amo mi vida

Amo mi vida
Porque la infancia fue doble, compartida y limpia
Amo mi vida
Porque mamá y papá se quedaron sin piano
Y el instante de casa con jardín y perro existió
Aunque haya sido fugaz y delirante.
Amo mi vida
Porque jugué a cirquera en Ciudad de México

Y recolecté pelotas con muchos ángeles
En medio de la avenida de Tlalpan
Entre semáforos rojos, pantalones de colores, Caluris

Amo mi vida porque sigo hablando con los que antes estaban vivos
Porque la abuela me guía
Me acaricia el alma tan a menudo
Y una brisa benigna me susurra al oído
Cuando reconoce esta tristeza que tengo por existir

Por saberme viva
Por amar
Por enamorarme del concepto beso.

Amo mi vida porque hay seres que aman
Gente que baila al caminar su historia
Hombres que musican su cuerpo
Mujeres que echan a la basura la culpa
Soles que salen despavoridos
Al lado del Sol mayor
Intactos.

Amo mi vida porque es escribir
Mirar una noche estrellada acompañada de versos
Retroceder sin ninguna prisa
Para luego avanzar plagada de ojos luminosos.

Amo mi vida porque he encontrado la fórmula
Sencilla
Inocente
De pegar plumas en mi pecho
Mezclar calderos con fuego
Aplastar al miedo

Comerme mis propias manos
Para que nazcan una y otra vez
De nuevo
Sobre tu cuerpo.

La amo, a mi vida
Por tantas magias
Que se me escapa la libélula resucitada
Aquella mañana en el cole
El juego de barcos
La derrota del nacimiento
El estigma de ser gemela
Y por supuesto
Amo mi vida
Por este laberinto inquieto
Revuelto
Apalabrado entre mis lágrimas
Mis intentos
El río
Y el lenguaje.

Despedida

Estaba lista para nacer, pura y en parto natural.
Todo fue mi culpa.
Las palabras, el lenguaje, lo tiene todo atado en la evolución del hombre.
Esa tarde en el aeropuerto,
también sonaba Vivaldi en los andenes;
gusanos temporales que te conducen siempre a destinos inciertos.
Aeropuertos;
monstruos con muchas piernas y brazos que te devoran.
¿El mar?
Quizás es el maremoto o tantos viajes sin sentido
Aviones que van llorando para que el océano se nutra
Y pueda tirar con fuerza olas con esperanzas,
conchas, ballenas milenarias, cangrejos ermitaños
haciéndose reyes de la fiesta en una terraza sobre Mazunte;
Orfebrería entre la conversación de almas afines,
Solo recuerdo a mi abuela desde antes de nacer.

Soledad

Para ti la razón
Para mí la belleza.
Sergio Escribano

En el fondo del abismo lo sé:
la verdad se estrella en firmamento rabioso
Bailo entre un dolor ajeno
La suerte de gritar en otro jardín nos salva
Bosque incendiado
Sembrado con nostalgia, caricias y cuchillos
Quizás tú pases hecho gorrión.
Cómo ha crecido la casa desde que te fuiste
Se llenó de caballos y horizontes
De ángulos y ventanas
Un silencio excitante vino a verme
Volvieron los fantasmas
Los colores en el cuerpo
El hechizo en las paredes
Encantamiento en las ropas.
Cómo ha crecido
Atascada de lavadoras enigmáticas
Deambulo desnuda
En busca de mí misma.
Ha crecido en espejos
En guacamayas
En historias al papel
Ya respiro mis sombreros.
Ha crecido en libros leídos
En gatos reencontrados
Y las puertas ya no aúllan
Ni hay daños en la Luna.

Utopía

Cuando la belleza crezca más de lo soportable,
cómo conseguiré aliviar mi dolor,
pues la belleza daña el corazón
más que la amargura.
SARA TEASDALE

Cuando estés en el mundo,
tendrás que aprender a caminar sin mirar atrás.
Y a seguir viendo hacia adelante,
a pesar del ruidoso murmullo
que el frío lleva en su nido.
Pasará la lluvia sobre tu cuerpo
Se dibujarán sonrisas en tu rostro
Aprenderás a cerrar los puños
A abrir los brazos
A inventar el agua de tus ojos.
El tiempo se presentará solo
Sin aviso ni maletines
Escúchale sin juicios
A veces suelta un consejo de siglos
O te enseña sus cicatrices.
Cuando estés en el mundo,
Habrá desiertos y mares
Recórrelos
A nado el seco
A paso largo el húmedo.
Abraza todos los árboles
Aunque parezcas la locura;
Sé la locura.
Corre por los vientos
Abre tu pecho al Sol
Y ríete de los malhumorados.

Verás días sin Luna
Acéptalos.
Recurre al silencio
Presentándote sin discurso
De improviso, como el tiempo;
Se conocen,
Formarás una triada digna.
Nunca huyas de las mariposas
Ni calles sus mensajes
Cuando te inviten parpadeantes
A recorrer el mundo
A respirar la tierra
Síguelas.
Cuando estés aquí,
En este mundo de formas
Donde el juego se hace arcoíris
Las flores se comen si sueñas
Y los pájaros
Son señal inequívoca de que existen los milagros;
Aplaude al que sabe llorar;
Sensación creativa
Dale vueltas a la quietud para que te proteja;
Espiral centrípeta
Invéntame
Reinventando la suerte
La magia
Y el amor.

Mujer con luz

La imperfección es belleza.
Marilyn Monroe

Una mujer con luz no puede estar triste
Una mujer con luz debe brillar todo el tiempo
Una mujer con luz jamás de invierno siempre en verano
Una mujer con luz no puede tener un mal día
Debe sonreír todo el tiempo
Ser el alma de la fiesta
Una mujer con luz jamás llora
Una mujer con luz no tiene miedo ni mirada cansada
Una mujer con luz nunca se ve extraña ni confundida
Una mujer con luz tiene la obligación de alumbrar
De compartir sus rayos estrellados
De hacer de la oscuridad un lugar visible
Una mujer con luz no vale nada si está deprimida
Una mujer con luz melancólica nadie la ve
Una mujer con luz colérica está cometiendo un delito
Una mujer con luz que se siente sola espanta al mundo
Una mujer con luz que de pronto quiere ser noche no puede
Una mujer con luz que es noche aunque no la dejen, muere
Muere por siempre en los esquemas de la gente corriente
Una mujer con luz no existe si va de negro su alma
Una mujer con luz no desespera no sufre no siente ganas de gritar
Una mujer con luz no se encuentra perdida por las calles
Ni sentada en un andén agonizando de dolor con el rostro entre las piernas
Una mujer no reclama que le haya gritado el mundo a la cara
Una mujer con luz siempre tiene dulzura en la voz
Una mujer con luz comprende a todas las personas
Una mujer con luz entiende a los malhumorados
Una mujer con luz es tan grande como una estrella

Así que los insultos, los silencios violentos y la sarna del mundo no le llegan
Una mujer con luz ama sin pedir amor a cambio; de esos correspondidos
Una mujer con luz es llama nunca lluvia
Una mujer con luz no está callada en las reuniones sociales
Una mujer con luz está presente cuando la nombran
Vestida para la fiesta precisa
Una mujer con luz no teme quedarse calva
Una mujer con luz no teme ser gorda
Una mujer con luz no se preocupa por el tiempo
Pues como todos le dicen que es una mujer con luz
Una mujer con luz se olvida de los relojes
Hasta que un día
Desaparece
Porque nadie le dijo
Que demasiada luz te vuelve imperceptible
Ciega
Y entonces la mujer con luz arrepentida
Descubre que habría estado bien llorar de vez en cuando
Enfadarse, gritar, irse de todos
Que habría sido perfecto escucharse
No amar sin ser amada
No brillar por deber
Sino por estar enamorada
No brillar por los demás
Sino porque hubo noche
Porque hubo soledad
Porque la respetaron en sus nocturnidades tristes
Y la aceptaron negra como la nostalgia
A la mujer con luz.

Déjale

Cuando te acaricie la espalda y no sientas ya nada
Cuando hundidos en la noche prefieras el sueño al sexo
Cuando tu soledad se vuelva más fuerte a su lado
Y el temblor en los poemas de las piernas desaparezca…
Déjale.
Cuando mires la oscuridad sin estrellas
Te susurre un fantasma que te vayas
La casa se quedará revuelta de escaparates
De golpes sin sonidos
De llantos ahogados
Se habrá ido ese color vino tinto
En el que beben los amantes
Tú lo sabrás…
Déjale.
De lo contrario
Continúa tu día como si nada pasara
Hasta que te mires al espejo
Con un hartazgo insostenible
Y se te caigan las tetas
Las alas
El amor
La belleza del inmigrante.
Sigue durmiendo a su lado
Hasta que las cavernas del vacío te pierdan en la nada
Hasta que su rumor extinga tus palabras
Hasta que esa insostenible locura
De quedarte por costumbre
Te transforme en guerra
Y te salgan rifles en vez de ramas
Granadas en las espaldas
Yagas en el alma
Convertida en una auténtica máquina nuclear.

Mamaremoto

¡Belleza!, monstruo enorme e ingenuo, mas temido.
CHARLES BAUDELAIRE

El mar está allí
Y esto es un sueño.
El mar sigue allí
No lo tientes.
El mar está tranquilo
Piensa en otra cosa.
El mar se mueve sin agitación
No hay olas grandes
El mar sigue allí
Y esto es un sueño
El mar está calmo
El mar está azul
El mar está subiendo
Piensa en otra cosa
Vete a otro lugar
El mar se va provocando solo
El mar me está llegando a los pies
El mar se está saliendo
Esto es un sueño
Corre
El mar viene por ti
El mar está furioso
Escóndete aquí
El mar ya está aquí
Esto es un sueño
El mar me cubre
El mar me come
Esto es un sueño
El mar está ya en todos lados
Se lo devora todo
El mar es mi sueño
El sueño se ha hecho mar.

Invocación

En medio de un paraíso
Que quizás otros podrían llamar imbo
Deseo que el infierno no nos alcance
Que la idea se vuelva acto vivo
Voz andante
Universos conjugados jugando
La unión de todos nuestros caminos
De las anagnórisis superadas
Del error trágico cometido
Así danzar entre las risas de estar vivos
Acompañados de serpientes marinas
De huracanes que no llegan a devorarse árboles
Atacarnos de erotismo
Del corazón abriéndose así
En medio de las murallas
Locos de sol
De mar
De arena
Estupefactos ante el miedo
Miedo miedoso de sí mismo
Mientras nos mira brindarnos un poema
Al ritmo de agosto
Espídicos de piel
Entreteniendo al tiempo
Al tiempo ensimismado
Que juega a las cartas aburrido
Un silencio basta
El caos es nuestro
Para ordenarlo a gusto
Para desmembrarlo en palabras
Ardientes de sal sentido táctil
Razón pureza verdad marina.

Amor

Es la hora del poema:
No será sencillo ni listo
Será suyo
Como una tarde muda
Que se acuesta sobre el monte
Sin reclamar a nadie.
Es la hora de saltar
No habrá redes ni escudos
Estará el mar
Los músicos que han muerto
Lugares insospechados
Con pastelitos de juguete.
Es la hora de que lluevan los versos
Serán agudos
Llenos de sal mar
Con esplendor de barcas elegidas.
Será liso
Envestido
Lleno de compañeros
Con suavidad en el vuelo
Directo
Inconfundible
Lleno de palomas
Agarrado a las cascadas del mundo.
Es su hora
La hora del poema inevitable
Sin marcha atrás
Ni pausas innecesarias
Así que abramos los brazos
Cerremos los ojos
Y caigamos libres al abismo
Allí… el poema.

Beso

La belleza
La belleza
La belleza, la belleza
La belleza.
LUIS EDUARDO AUTE

Es una roca que se transforma en mariposa cuando le da la gana
Un monstruo que esconde adentro todos los ángeles
El silencio que se rompe con el silencio
¿quién ha inventado ese acto tan absurdo y tan laberíntico?
Es un abismo que se expande cuando caes en él
Aquel pecho que ahora tiene encima todos los lenguajes
El valor y el riesgo de soltar
Para recibir el maremoto o la caricia.
Sostener un puente mientras se cruza
Siempre al borde del delirio
El alma colgando de ese puente hecho de incertidumbres
De metales que dudan
Es el espanto con minotauros frontales.
Llevarse las manos a la cara en la anagnórisis
Descubrirse de pronto en medio de un paisaje selvático
Y no saber en qué momento
Por qué razón
Tampoco recordar el modo de volver
Pero es que… ¿volver a dónde?
Y si un leve trueno se escucha;
La locura… la tormenta…
Un demonio guardando el ave.

MM

Insiste sin darse cuenta en buscar tu rostro entre la gente
Es gavilán que huye de pocas alturas
Aún así sus ojos te buscan desde los cielos
Hay una necesidad de volverte a colocar entre la gente.
No apareces nunca
La resignación es para personalidades más cautas
Sin embargo, un dejo de tristeza
Comienza a evaporar las nubes
Se abre la tierra para las aves
En picada hacen competencia
Ágil gavilán
Rotundo en su delirio de encontrar tu mirada
Atraviesa las profundidades antes que todas las demás alas
Su pico estalla con el sostén del mundo
Con la maldad vestida de regalo por la venganza viuda
Se estampa en la carencia del huérfano
En el llanto del niño sin árbol
En la pobreza con mamá y sin papá
Se rompe en el hambre que arrastran las travesuras
En la bicicleta inexistente en la infancia
En los libros prestados por los ricos
En el aullido del espanto;
Cuando el destino es claro de siniestro.
Así gana vuelo el gavilán.
Pero la tierra se cierra de nuevo
Y no logra volverte a colocar entre peatones.
No está la mochila con documentos de inmigración
Ni el caminar que baila pensando que los demás te deben algo
Ya no te escondes para espiar al amor
Tampoco está el planear del gavilán.

Para los amigos

...LA MÙSICA SÙBE EL VOLÙMEN D LA BELLÈZA...
PACO SEVILLA

Para los amigos
Que todo lo dan
Que todo les sobra
Para los que se han ido y los que resisten
Para los amigos que se visten de colores
Que te invitan un abrazo
Para los que azules saltan los mares
Para los amarillos que brillan
Para los negros que te lloran en el hombro
Para los verdes que te regalan flores
Para los que escriben
Para los que cantan
Para los que bailan
Para los que aparecen de la nada
Para los que te besan en la boca
Para los amigos
Razón familiar del mundo
Lenguaje sin palabras
Acceso permitido siempre
Casa abierta en noches tediosas;
Orgullosas
Tristes
Espantosas,
Pero también en días de sol
De lluvias primaverales
De fechas festivas.
Para los amigos que sueñan
Para los que pintan universos
Para los que no se rinden

En medio de un holocausto extraño
Para todos ellos
Que saben ponerte en la boca
La mejor respuesta
O el mejor silencio.
Para los amigos
Que han resguardado mis ojos.
Los que jamás olvidan
Los que se ríen a carcajadas por tenernos
Los que se pagan las tristezas
Y se beben a sorbos la esperanza
O se roban las alquimias
Para los que hacen alegre una tragedia
Y desenvuelven la magia en la guitarra.
Para los amigos compañeros
Militantes del sí, de las quimeras
Perfectos regañadores de errores;
Con un beso bajo el suéter.
Para los que no se rinden reitero
Porque son estrellas en el camino
Faros en una tormenta
Arcoíris de todas las catástrofes.
Pasaportes al olimpo
Asesinos de guerras sin sentido.
Gracias
Gracias
Gracias.

Sangre de mi

La belleza es una manifestación.
PLATÓN

Tormenta interna
Siempre llorando justo antes
Siempre olvidando su visita.
Sangre mía
De nadie más
Eres el único tesoro
Que no podrán quitarme.
Sangre divina
Milagro lunar
Te siento viva en mis cartas
Llena de sabia,
Cargada de poder
Cura femenina
De la soledad
Del niño que no existe.
Sangre que me avisas
Cómo fluye la vida
Recordatorio maternal
Y a la vez recordatorio independiente.
Tómame
Recorre mi vientre con tu danza
Inexplicable mito de magas
Pinta mis paredes
Brota sobre mis flores
Te abrazo con calor
Te recibo agradecida
Manifiéstate esta es tu casa.
Sangre amiga mía
La primera en esta vida
La más íntima
La más enternecida.

Atenea

En un mundo de antinomias, ¿podrá la belleza ser salvada?
EMILE CIORAN

Soy tu rabia contenida en la garganta
El color que no te gusta desparramado en la ventana
Soy quien se ríe por tus muertos
Tu libro favorito incendiado.
Soy los ojos fuera del rostro
Los títeres escondidos en el armario
La vida que no tuvieron mis fantasmas
El sonido insistente del horror en tu cabeza.
Soy quien busca cualquier oportunidad de silencio
Para aplastar con un dedo a cualquier niño
El bufón más escalofriante
Danzando eróticamente entre cadáveres.
Soy a quien ama y odia la muerte
Tu unicornio por fin hallado
Para que le veas hundirse en el pantano
Hasta desaparecer en mis fauces.
Soy el que trabaja para que olvides tus sueños
Y te parezca normal llorar a diario
Confundir las noches de los días
Escarbar la tierra en busca de un amigo.
Soy quien te quita las ganas de escribir
Las fuerzas para cantar
El pintor de sonrisas volteadas en la boca
El padre de los tanques esplendorosos.
Si ya sabes quién soy
Comienza a rendirte
A quitarte la ropa
Antes de que te la arranque de un tirón
Porque yo soy la guerra
Y te follo
Te follo. Te follo.

Soñé

Soñé que las abuelas eran eternas
Soñé que las mascotas no se morían
Soñé una casa frente al mar
Soñé que iba todos los días a nadar a un río.
Soñé que no necesitamos pasaportes
Soñé ángeles enseñándome a volar
Soñé a la pluma ligera
La soñé implacable en mis palabras.
Soñé que las herencias se daban en vida
Soñé que morirse era una leyenda opcional
Soñé en ser omnipresente
Soñé viajando sin consecuencias al pasado.
Soñé que los deseos se cumplían
Soñé a papá y mamá enamorándose otra vez
Soñé a mi hermana siendo madre
Me soñé tía
Me soñé hada de nuevo
Soñé que cada lágrima mía
Se convertía en diamantes
Soñé en un amor sin aullidos
Soñé en un amor sin fecha de caducidad
Soñé un amor con garantía
Soñé un amor ajustable
Soñé un amor apareciendo billetes
Soñé un amor resuelto
Soñé a mi madre contenta sin razón
Soñé a mi padre sin tinitus
Soñé a mi padre sin moto accidentada
Soñé a mi padre sin tristezas de elefante
Soñé a mi madre sin dolores de albercas

Soñé a mi melliza recuperando la infancia
Soñé mis cabellos frescos como las cascadas.
Soñé al mundo sin violaciones
Soñé mujeres desaparecidas saliendo de su escondite
Soñé la guerra con flores
Soñé el poder como un delito y a la cárcel
Soñé el teatro como todas las noches
Me soñé dentro
Me soñé en sus fauces
Soñé el escenario bajo mis pies
Soñé esta puerta astral
La soñé conquistada por destino
Soñé a poesía de su mano
Soñé la libertad de soñar.

Verse

Me vi pájaro sobre Madrid
Me vi libélula en París
Me vi gata en el pasado;
Una oscura con el sol metido en las pupilas.
Me vi galaxia en él
Astuta ardilla en su árbol;
Caracola atenta a su tierra
Dulce cisne sobre el lago.
Me vi ballena que lloraba
A todas las mujeres ahogadas
Unicornia perdida
Perdida para siempre en el olvido.
Hormiga me observé
Atenta al ritmo interminable
De palabras y acentos
Marcando la pauta hacia mi cueva.
Me vi tulipán
Cargando la lluvia
Que todas ignoraron
En el oasis de sus ojos.
Me vi dinosauria
Dando pasos en un espacio abierto
Cantándole a la nada
Orgullosa de mi belleza milenaria.
Claro que dragona me reconocí
Cuidando castillos de asesinas
Echando fuego a la guerra
Comiéndome tesoros inservibles.
Me veo mujer
Incansable en dedos en las manos
Atorada en gusanos de tiempo
Remando hacia mis ancestros.

Al morir

Morí por la belleza
Emily Dickinson

Y llore sobre la playa
Hundiendo mis rodillas en la arena nocturna
Había caído de la tierra
Con las manos en mi cabellera
Lloré por mis abuelos
Recordando aquel cuadro
Donde un niño sentado frente al mar
Le observaba de noche
Y era ese el lugar
Al que había llegado
Después de tanto pensar en la muerte
De imaginarla tenebrosa.
La caída fue de terciopelo
Oscuridad meciéndome de vacío
Me envolvía la certeza de no más gritos
El aliento de te vendo los ojos
Te tiro al abismo
De un animal oscuro
Al que primero temía
Y luego me dio la protección absoluta
Para dejarme ir hacia la pintura;
Desgarrador final
Invencible respuesta
Y mientras caía…
Pensaba en ellos
Porque algo se cortaba de modo insospechado
Una distancia de bestias heridas
De galaxias en arritmia.
No era el sueño sino la vigilia
A nadie le conmovió este llanto
Aquí también se comen estrellas
Me han puesto a cargo de una misión que desconozco.

Finitud

Qué belleza guardan aquellos que no encuentran su lugar entre tanta gente.
Alejandra Pizarnik

Y falta en el sistema y se compensa en agujas,
En pastillas o medicinas de formatos diferentes.
Y nos falta eso para que la cordura sea sensata
Así que nos dejamos arreglar,
al tiempo que el camino se ensancha.
Entonces estar de pie no duele tanto
Ni sentarse es un peligro en la memoria.
El intento se nos sale por la boca,
Los ojos pueden sentirse acariciados.
A punto de hervor,
El corazón se instala en ese lugar insólito de la infancia
Allí todo veneno cura
Y el líquido en el cuerpo hecho la cura
Deja de ser un evidente espasmo de aligerarnos el tiempo.
Ya somos seres sólidos que no necesitan huir
Gritar ya es cosa de lobos
Aullar se vuelve propiedad de los doctores
Ya no duele tu llanto
Ni recuerdo mi estigma
Solo percibo las manos de otros locos,
Como el cielo se abre
Y a punta de peticiones
Aparecen arcoíris o unicornios a salvarnos.
Es un final justo entre mortales sin reservas en los bolsillos
Por eso nos buscamos y nos encontramos sin olfato
Porque a todos nos falta lo que los demás ignoran,
Lo ignoran con rostros de más, nosotros no.
Es la incertidumbre la que nos habita.

Así bailamos, embriagados de tantas nubes en lontananza
De tantos caracoles en las orejas
Bastante resignados a no volver a ser los mismos
Siempre al filo de probarnos sin sustancias
A riesgo de enfrentarnos con la muerte.

Nogal

La belleza que ves en mí es un reflejo de ti
DANTE ALIGHIERI

Un respiro ante la grandeza de las montañas
La circularidad se vuelve laberíntica
Se entrecruzan las uvas
Hay un latido que no para en lo profundo del atardecer.
Nada nos persigue porque todo se habita
Una enfurruñada avispa se resiste al amor
Aprende del silencio en unos ojos humedecidos
Cómo resistirse a un nuevo abismo
Si el frío de las piedras se vuelve fuego.
Le llaman parras mientras veo el nombre del perdón
Le llaman salamandra a la meditación
El agua corre, se esconde,
hace de su existencia ruidos inexplicables para encontrarla desde el centro.
Aquí la vida vuelve al orden perdido
Hilaridad es verte mirando el río
Imaginar jabalíes que van a regalarme la muerte
Desencriptar la dicha en moras
Habitar habitaciones fantasmas sin tragedias.
En el bosque está colgado un recuerdo
Sus pasos se desplazan en el palacio
Bailan en las estrellas inyectadas en mi pecho
Soy mujer tan lejana del origen;
algarabía dormida a la deriva
entre ángeles que se brindan festines de verano
entre vigas que hablan de tu infancia
no hay ningún zorro que lo soporte.
Cuánta sabiduría duerme en los chopos

Las ermitas continúan su plegaria insospechadamente
A ritmo de chicharras
Al golpe de la ausencia imprecisa.
El nogal te completa de repente
Y es un espectáculo entonces contemplarte.

Emigrar

La belleza es inmundicia, la inmundicia es belleza.
William Shakespeare

Nadie sabe lo que es emigrar hasta que pierde un amor
Hasta que no encuentra ni una pizca de la receta de la abuela
Ni un gramo del abrazo de mamá
Nadie sabe lo que es hasta que el domingo se vuelve extraño, más aún.
Nadie sabe lo que es emigrar hasta que el silencio se come tus recuerdos
Y todos allá del otro lado te olvidan
Nadie lo sabe hasta que confundes a los que están lejos por la calle
Y te crees que estás loco
Que tu vida es un error
Una equivocación gigantesca sin avión de retorno
Nadie lo sabe hasta que lo delata su voz
Y uno ya no se siente pájaro ni cielo sino fantasma.
Nadie sabe lo que es emigrar hasta que ya no te importe volver
Hasta que arranques las raíces desde muy adentro
En un acto que a borbotones manche de rojo las maletas
Queme las fotos tercas en la nevera
Desaparezca los remedios caseros de antaño
Te lance a las avenidas en busca de algo que te quite el hambre
La del alma, la del espíritu herido desterrado
Nadie lo sabe hasta que ya sobra si el teléfono te suena.
Nadie sabe lo que es emigrar hasta que descubres que los sueños…
Que la tierra…
Que la arena entre los dedos…
Que tu rastro está en la huida.
Nadie sabe lo que es emigrar hasta que lo hace;
Emigrar sin red de caída en el impacto
Sin un manual de instrucciones por si algo sale mal
Nadie sabe lo que es emigrar hasta que se muere alguien y no estás
Hasta que nace alguien y no llegaste
Hasta que olvidas el nombre de sobrinos que no conoces
Hasta que te preguntan de dónde eres… y no lo sabes.

Al Poeta

Amo a los poetas —bellos ángeles lanzallamas—
GIOCONDA BELLI

De pronto eres todas las casas
Las excusas se desvanecen en el sueño
Se te mete una ternura nueva en el cuerpo
Hay colibrís bailando en este encuentro.
Es una música ligera, pero intensa
Densa, aunque ingenua
Inventamos los colores con nombres divertidos
Siempre es de noche poeta amigo.
Sigues llevando encima todos los abrigos
La tristeza de siempre
El silencio que se te rompe por los ojos
Ese calor antiguo que me envuelve.
De pronto vuelves a serlo todo
Un okupa dentro del corazón
Tan escondido que se olvida
Tan hecho polvo que me rompe.
Viajamos sin tiempo en la oscuridad
Vienes y vas, voy y vengo
Es el espacio quien nos define juntos
La certeza de una sensación hecha ideas.
Una mano basta para entender la llama
Estás en el hogar de mi primera infancia
Tan poco hecho a mis algoritmos
Sorprendentemente necesario aquí.
De pronto lo habitas todo insoportablemente verdadero
Las espinas en el pecho comienzan el juego de la tinta
Acudo incapaz de encontrar otra cura
A la terquedad del papel vacío
Te vuelvo a encontrar entonces
De pronto estas en el poema
En todos los poemas.

Índice

Esta obra
se acabó de imprimir
con los auspicios de
Charo Fierro y
Antonio J. Huerga, editores

FINIS CORONAT OPUS